Das Buch

Ein schönes Geschenk für Freunde und sich selbst. *Mit Farben leben* zeigt, wie man durch den bewußten Umgang mit Farben sein Leben bereichern kann. Es ist ein kleines Buch über die Verbindung von Farben und Bewußtsein mit großer Wirkung. Geschichten über den Charakter der Farben, Visualisationsübungen und Affirmationen helfen den LeserInnen sich selbst besser zu verstehen und zu achten und so ihr Leben bewußter zu gestalten. Es zeigt, wie man sich über seine Wünsche und Empfindungen klarer werden kann und wie man sie deutlicher zum Ausdruck bringt. *Mit Farben leben* ist auch eine Anleitung zur «Selbstheilung»: es bringt mehr Liebe, Frieden, Achtung und Selbstbestätigung in unser Alltagsleben.

Die Autorin

Thea Keats Beaulieu ist Tänzerin, Bewegungs- und Polarity-Therapeutin. Sie ist Solotänzerin der Isadora Duncan Dance Company in New York und San Francisco. Mit ihrem Tanz schafft sie die Verbindung zwischen natürlichen Rhythmen, den Erscheinungen der Natur und den Fünf Elementen. Ihr persönliches Anliegen ist, die harmonisierende und heilende Wirkung der Verbindung von Bewegung, Farben und der Lehre der Fünf Elemente den Menschen näher zu bringen.

Thea Keats Beaulieu

Mit Farben leben

Ein buntes Buch für Harmonie und Heilung

SPHINX

Aus dem Amerikanischen von
Beatrice Berner und Ulrich Pützstück

Die Deutsche Bibliothek – CIP-Einheitsaufnahme

Keats Beaulieu, Thea: Mit Farben leben : ein buntes Buch für
Harmonie und Heilung / Thea Keats Beaulieu. [Aus dem Amerikan. von
Beatrice Berner und Ulrich Pützstück]. – Basel : Sphinx, 1993
(Sphinx pocket ; 70)
Einheitssachtitel.: Color love journal <dt.>
ISBN 3-85914-370-0
NE: GT

Originaltitel: Color Love Journal
Erschienen bei G C Communication, New York
© 1991 Thea Keats Beaulieu
Illustrationen: Susanne Bolliger
Umschlaggestaltung: Charles Huguenin
Satz: Sphinx, Basel
Herstellung: F. X. Stückle, Ettenheim
Printed in Germany
ISBN 3-85914-370-0

Inhalt

Als ganzheitlich arbeitende Psychotherapeutin wende ich bei meinen Patienten oft Farben an.

Mit Farben leben ist der beste Leitfaden seiner Art auf dem Weg der Selbstheilung. Er bietet nicht nur Freude beim Lesen, sondern auch wertvolle Hilfsmittel, um mehr Frieden, Liebe, Akzeptanz und Selbstvertrauen in Dein tägliches Leben zu bringen.

Es wird Dich und Dein inneres Kind erfreuen.

Dr. Elisabeth Louisa Macrae, New York

Mit Farben leben bietet eine wundervolle Gelegenheit Dein Leben durch eine neue Dimension zu bereichern, indem Du eine energetische Beziehung zu Farben entwickelst. Dieses Buch ist leicht zu lesen und am Ende ist es so, als hätten wir in einem Regenbogen gebadet. Wir sind umgeben von Farben. Thea zeigt uns, wie wir uns in die Farbpalette des Lebens einstimmen können. Das Buch ist eine Einladung, kunstvoll zu leben und es ermutigt uns, unsere eigene einzigartige farbige Realität zu erschaffen.

John Beaulieu

Vorwort

Ich möchte den vielen farbigen Menschen in meinem Leben danken, die mir geholfen haben, dieses Buch zu erschaffen.

Vielen Dank an:

• meinen Mann und Lehrer, John Beaulieu, für seine Liebe, Unterstützung, Ermutigung und Hingabe an die künstlerische Natur der Dinge, und wie man mit dieser anderen Menschen helfen kann;

• Lynn Ritchie und Don Billett, die viele Stunden lasen, verbesserten und die Enstehung dieses Buches unterstützt haben; von der Idee bis zu ihrer Verwirklichung;

• Caton Whipple für seinen wunderbaren und magischen Farbführer;

• Dr. Randolph Stone, den Begründer der Polarity Therapie, und an Isadora Duncan, die Begründerin des Modern Dance;

• mein Hundebaby Hubie, das es tatsächlich unterlassen hat, irgendeinen Teil des Manuskriptes während der verschiedenen Stadien der Entstehung aufzufressen;

• all meine tanzenden Freundinnen und Lehrerinnen – Adrienne, Mignon, Hortence und Julia;

• all meine Klienten, die mich durch ihre Erfahrung lehrten zu vertrauen;

• alle magische Geister, die mich geführt haben und mir auf ungezählten und unnennbaren Wegen Inspiration haben zukommen lassen;

- meine Mutter, die Malerin, die mir schon früh beibrachte, mich an den Farben zu erfreuen, die sie überall um sich herum schuf;
- meinen Vater, der mich lehrte, die Sprache der Inspiration zu erklären und das Magische wirklich werden zu lassen;
- Lars, dessen photographisches Auge uns einen scharfen Blick gewährte;
- Lin Haley, meine magische Freundin in den Hügeln von Vermont, für ihr wunderbares künstlerisches Auge und ihre wirklich inspirierende Freundschaft;
- alle meine wunderbaren Freunde in der Schweiz: Andreas und Brigitta, Yargos, Michelle, Heidi, Sandy, Butz, Kathrin und Monika;
- Laura Day, Leor, Roz, Joya, Elsa, Lee und Judy und Dr. Elisabeth Macrae;
- Terry Hayes für Korrekturen;
- alle meine lieben Freunde und meine Familie, die mir ihre Magie, Inspiration und Einsicht gewährten, so daß dieses Geschenk von Buch entstehen konnte.

Thea Keats Beaulieu

Einleitung

Seit Menschengedenken sind wir mit Farben gesegnet. Farben machen uns glücklich. Ist Dir jemals aufgefallen, wie helle farbige Kleidung Dich in Hochstimmung bringen kann? Stell Dir den Gesichtsausdruck eines kleinen Kindes vor, wenn es einen Regenbogenlutscher oder ein paar leuchtend bunte Ballons bekommt. Der Color-Love-Prozeß[1] zeigt Dir, wie Du Dein körperliches und seelisches Wohlbefinden mit der Wahl und dem Tragen von Farben direkt beeinflussen kannst.

Nun möchte ich gerne, daß Du Dir einen Moment lang vorstellst, unter einer Palme an einem wunderschönen Strand zu sitzen und auf das Wasser hinaus zu schauen. Es ist ein heißer Sommertag und während Du das türkisblaue Wasser beobachtest, wie es sanft über den weißen Sand gleitet, und Du die warme Sonne auf Deiner Haut spürst, siehst Du plötzlich dunkle Wolken über das Wasser heranrollen. Es beginnt zu regnen, ein Wolkenbruch, und wie Du Dich mit dem Handtuch schützen willst, blickst Du auf und siehst mit einem Mal einen wunderbaren Bogen aus Farben, die im Sonnenlicht glitzernd sich über das Wasser wölben, Rot, Orange, Gelb, Grün, Blau, Violett, ein vollkommenes Leuchten, ein Bogen aus farbigem Licht, Himmel und Erde verbindend. Wie fühlt sich das an?

---

[1] Anmerkung der Übersetzer: Wir haben in diesem Buch den Ausdruck «Color Love» unübersetzt gelassen, da es auf deutsch keinen Ausdruck gibt, der die hier gemeinte Liebe zu Farben und ihr liebevolles Wirken in einem wiedergibt.

Farbe – Magie der Farben – Die Liebe der Farben
Der Color-Love-Prozeß

Die Absicht dieses Farbenbuches ist es, eine Orientierungshilfe zu sein, die es Dir ermöglicht, bewußter zu werden bei der Wahl von Farben, was eine direkte Auswirkung sowohl auf Dein physisches als auch auf Dein psychisches Wohlbefinden haben wird. Ich möchte, daß Du so viele Mittel wie möglich in die Hand bekommst, um Dich gut zu fühlen und das auch auszustrahlen. Dieses Buch beginnt einen Prozeß des Fragens und Erkundens, der sich hoffentlich Dein ganzes Leben lang fortsetzen wird. Wie kannst Du Dich selbst bewußter wahrnehmen, wie kannst Du mehr genießen und mehr davon, was du Dir im Leben wünschst, bekommen. Wir werden erkunden wieviele verschiedene Wege es gibt das Leben, das Dir gegeben wurde, reicher zu machen, und wie Du Dich selbst und die Menschen um Dich herum mit einem Gefühl tiefer Dankbarkeit annehmen kannst.

Ich möchte, daß Du durch das wunderreiche Studium der Farben zur Liebe findest und es ist mein tiefer Wunsch, Dir behilflich zu sein und Dich so zu führen, daß Du glücklicher, erfolgreicher, erfüllter werden wirst und Farbe in allen Bereichen Deines Lebens aufscheint ... und Liebe.

Thea

Mit Farben leben

Mit Farben leben zeigt Dir einen Weg, die wundersame Welt der Farbenenergie in Dein tägliches Leben einzubringen. In diesem Arbeitsbuch gibt es Übungen zur Tiefenentspannung, Farbvisualisation und positive Affirmationen. Durch den Gebrauch dieser kraftvollen Hilfsmittel wirst Du neue Techniken für Körper und Geist kennenlernen, die Dir helfen Dein Alltagsbewußtsein zu bereichern und zu erweitern.

Jede Farbe schwingt auf ihrem eigenen Energieniveau und beeinflußt unseren Seinszustand.

Mit Farben leben basiert auf diesen Energien und darauf, wie sie mit den Elementen der Natur – Äther, Luft, Feuer, Wasser und Erde – verbunden sind.

Indem Du Dein Bewußtsein von Farbe und den Fünf Elementen vertiefst, kannst Du Dein inneres Selbst mit der äußeren Welt um Dich herum ins Gleichgewicht bringen. Ich habe in diesem Buch Platz gelassen, damit Du Dich aktiv beteiligen kannst, KundschafterIn werden, Reisende(r) auf dem Weg zu Unbekanntem, um neue und aufregende Dinge über Dich selbst herauszufinden.

Laß uns beginnen und unsere Farbenreise genießen.

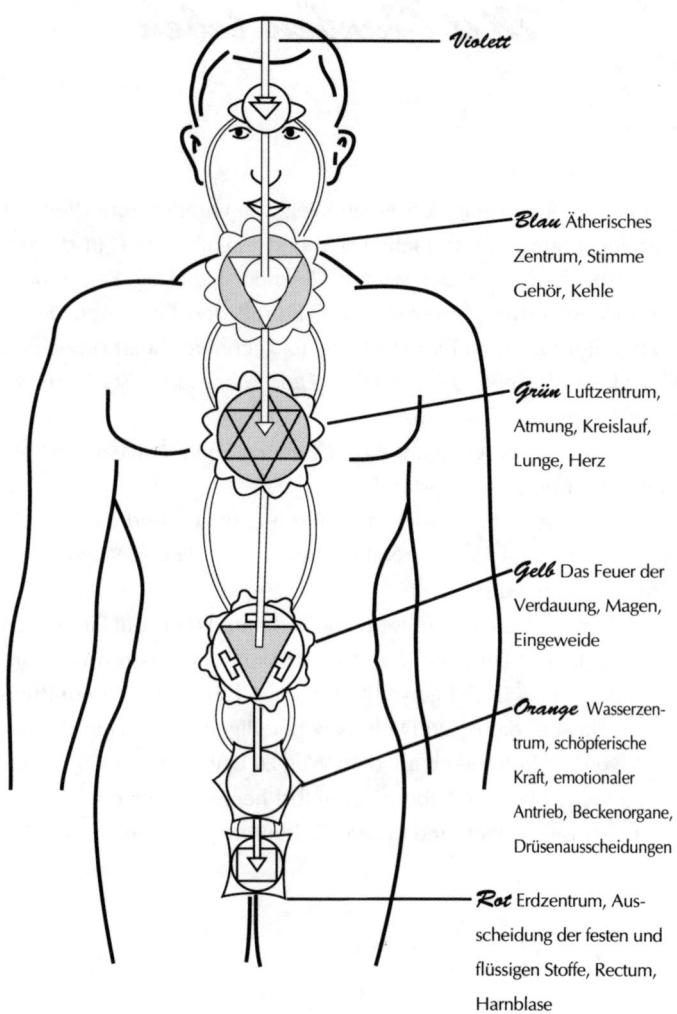

Violett

Blau Ätherisches Zentrum, Stimme Gehör, Kehle

Grün Luftzentrum, Atmung, Kreislauf, Lunge, Herz

Gelb Das Feuer der Verdauung, Magen, Eingeweide

Orange Wasserzentrum, schöpferische Kraft, emotionaler Antrieb, Beckenorgane, Drüsenausscheidungen

Rot Erdzentrum, Ausscheidung der festen und flüssigen Stoffe, Rectum, Harnblase

Diese Abbildung zeigt die Fünf Elemente und die ihnen entsprechenden Farben basierend auf Dr. Randolph Stones System der Polarity Therapie.

Farbe als heilende Schwingung

Die Schwingungseigenschaften der Farbe

Farben sind Schwingungen wie Gedanken und Klang. Jede Farbe hat ihren eigenen Pulsschlag, eine Schwingungsqualität, die auf unsere physischen, psychischen und wahrnehmenden Geist-Körper einwirkt. Genau wie eine Tonschwingung den Sand auf einer Fläche zu einem schönen Muster formt,[1] so hat auch Farbe die Fähigkeit zu schwingen und tief in unsere Zellstruktur einzudringen. Es gibt sieben Energiezentren, auch Chakras genannt, in unserem Körper. In der Polarity Therapie, auf die wir noch zu sprechen kommen, arbeiten wir mit sieben Chakras und den Fünf Elementen und jedes dieser Elemente hat seine eigene Farbe. Wir wollen außerdem 5 Mischfarben hinzufügen: Violett, Gold, Rosa, Schwarz und Weiß.

Ein paar Worte zu den Mischfarben: Mischfarben sind ein einzigartiger Aspekt des Energieaugleichs durch Farben. Rosa ist eine Erweiterung des Elementes Erde, eine Mischung aus Rot und Weiß, welche ein leichtes und sicheres Gefühl vermittelt. Gold ist wie die Sonne, eine Erweiterung des Feuers, eine Mischung aus Rot, Orange und Gelb. Violett ist eine Mischung aus Blau und Rot, was die Eigenschaften von Äther und Erde miteinander verbindet und Raum schafft für den Ausdruck einer sicheren Grundlage im Leben. Schwarz und Weiß sind wie Yin und Yang, Schatten und Licht. Schwarz absorbiert andere Farben, zuviel davon kann sie verschwinden lassen, während Weiß reflektiert, Leichtigkeit bringt und alle anderen Farben in sich enthält. Es gibt noch viele andere Farben, die Du aus den Farben der Fünf Elemente mischen kannst.

[1] John Beaulieu: *Heilen mit Musik und Klang,* München 1989.

Im alten Ägypten waren Farben ein Bestandteil der Heilkünste so wie auch der spirituellen Entwicklung. In den Heiltempeln von Licht und Farben in Ägypten wurden Farben für viele Leiden als Heilmittel verschrieben. Genauso gibt es Hinweise auf den Gebrauch von Farbe zur Heilung in den antiken Zivilisationen Griechenlands, Indiens und Chinas.

Während Jahrhunderten haben die Menschen die erstaunliche Wirkung der Farben studiert, ihre heilenden Eigenschaften und ihre Fähigkeiten auf unsere Stimmungen, Gesundheit und spirituelles und psychisches Wohlbefinden zu wirken.

Es wurde beobachtet, daß viele blinde Menschen Farben fühlen können. Dies ist Dank ihrer Schwingungseigenschaften möglich. Es ist auch die Schwingung, die es tauben Menschen ermöglicht, Musik zu fühlen oder zu hören. Dieser Pulsschlag der Farbe hat die Macht, ähnlich wie eine Klangwelle, unsere Wahrnehmung, unser Handeln und unser Verhalten im täglichen Leben neu zu ordnen, neu zu verbinden und zu verändern. Wie vibrierender Sand ein wunderschönes Muster formt, so kann auch Farbe neue Muster in uns formen. Wenn die Art, wie wir denken, unsere Realität erschafft, wenn unsere Gedanken unsere Umgebung beeinflussen, wenn das, was wir sagen, die Menschen um uns berührt, dann unternimm diese Reise mit den Farben, laß sie dich führen und erfahre ihre wunderbare Kraft und Wirkung.

Die Geschichte von Farbe und den Elementen

Dr. Randolph Stone (1890–1981) entwickelte die Heilmethode der Polarity Therapie. Er war Osteopath, Chiropraktiker und Naturarzt. Sein Lebenswerk bestand darin, seine ausgezeichneten Kenntnisse der westlichen Medizin mit den ebenfalls fundierten Kenntnissen der indischen ayurvedischen Medizin zu kombinieren. Die Synthese aus Ost und West, die er dabei entwickelte wird Polarity Therapie genannt. In der Polarity Therapie lernen wir die Schwingungseigenschaften aller fünf Elemente kennen – Äther, Luft, Feuer, Wasser und Erde. Wir lernen die körperliche Empfindung von beispielsweise dem Element Feuer zu erkennen und zu spüren. Wir wissen bereits, wie sich Feuer außerhalb unseres Körpers anfühlt und nun lernen wir die physische Empfindung von Feuer in unserem Körper kennen. Wir lernen alle fünf Elemente auf eine harmonische Weise zu fühlen und auszudrücken. Beim Feuer lernen wir, wie es sich anfühlt, ärgerlich zu sein, und dieses Gefühl nicht zu unterdrücken, wir lernen wie es sich anfühlt heiß vor Leidenschaft zu sein und es nicht zu unterdrücken. Wir lernen, wie wir die Elemente ungefährdet in unserem Körper erfahren und wie wir ihnen in unserem Leben die richtigen Grenzen setzen können.

Durch Polarity lernen wir die Eigenschaften jedes Elementes auf diese Weise kennen, so daß wir die Elemente in unserem Leben beherrschen. Wir werden ein sicheres Schiff in einer sich ständig ändernden See, wenn wir die Fertigkeiten lernen, die uns erlauben zu fließen, kreativ zu sein und dankbar allen Herausforderungen des Lebens zu begegnen.

Nun bist Du bereit, Dich in einem bequemen Sessel zurückzulehnen und alle Gedanken an den heutigen Tag loszulassen. Laß uns in eine andere Realität eintreten – eine Realität von Farben und Elementen. Laß uns an den Anfang zurückgehen, noch bevor es Leben gab, wie wir es kennen, sondern nur die Fünf Elemente: Äther, Luft, Feuer, Wasser und Erde. Jedes Element steht mit einer Farbe in Verbindung und hat eine psychologische Eigenschaft.[1]

Die Elemente umgeben uns und sind auch in uns. Zum Beispiel:

Der Äther ist Blau, er ist Raum, der unendliche Raum, der alle anderen Elemente unterstützt, die tiefe Ruhe im Wald, der beruhigende Frieden, der mit der tiefen Entspannung eintritt.

Luft ist Grün, sich schnell bewegend wie der Wind, sie steht für unseren Geist, unser Herz und unser Denkvermögen.

Feuer ist Gelb. Es wärmt uns und wie ein springender Tiger, ist es unsere Fähigkeit etwas zu unternehmen, sich zu begeistern und von dem überzeugt zu sein, was wir tun.

Wasser ist Orange und fließt überall um uns herum, während es sich über Felsen schlängelt und neue Wege und Möglichkeiten im ganzen Land schafft. Es fließt weiter und weiter wie ein schwimmender Delphin. Es regiert unsere Sexualität, unsere kreativen Fähigkeiten und es nährt uns.

Erde ist Rot. Sie unterstützt uns, gibt uns einen Grund, läßt uns uns sicher fühlen. Wie Kühe, die auf der Weide grasen, bewegt sie sich langsam. Es ist die Eigenschaft der Erde, die es uns erlaubt, Strukturen, Begrenzungen und Abgrenzungen in unserem Leben zu schaffen.

---

[1] Die Theorie der Elemente basiert auf der Polarity Therapie von Dr. Randolph Stone. Siehe auch sein Buch *Polaritätstherapie – Ganzheitliches Heilen durch harmonischen Energiefluß*, München 1989.

Alle Elemente sind sowohl um uns herum als auch in uns. Durch die Vorstellung der Elemente suchen wir Ausgeglichenheit in uns selbst und in unserer Umgebung. Wir müssen die Wüste bewässern, wenn Nahrung wachsen soll. Das gleiche Prinzip können wir auf uns selbst anwenden.

Wenn wir zuviel Wasser (Orange) in uns haben, werden wir vielleicht weinerlich und fett. Wir müssen lernen mehr von der Erdschwingung (Rot) zu haben, weil Erde das Element ist, daß uns die Fähigkeit gibt, dem was wir essen, Grenzen zu setzen und so das Gewicht zu halten, das wir wünschen.

Normalerweise strebt die Umwelt nach Ausgleich und Harmonie. Bei unserer ständig sich ausdehnenden technologischen Gesellschaft müssen wir selbst mehr darauf achten die Ausgeglichenheit zu erhalten.

Wir müssen lernen jedes der Elemente, die durch uns fließen, zu akzeptieren und ihm erlauben, sich durch uns auszudrücken. Die Elemente können gnadenlos sein, wie wir an Hurrikans und Erdbeben sehen können. Wenn wir sie stören oder unterdrücken, werden sie sich vielleicht auf solche Arten Ausdruck verschaffen, die wir nicht mögen. Wenn wir unser Feuer, unseren Ausdruck für Ärger und unsere Fähigkeit zu handeln und uns selbst durchzusetzen, durch Alkohol oder andere Drogen unterdrücken, wird es selbst nach einem Ausgleich suchen, und es kann sich im Laufe der Jahre zu physischen Symptomen oder sogar Krankheit entwikkeln. (Unterdrücktes Feuer kann sich als Geschwür oder Arthritis oder als eine Entzündung im Körper zeigen.)

Dieser Vorstellung gemäß möchte dieses Buch die Eigenschaften der Elemente mit ihren Farben und Bedeutungen erklären, so daß Du andere Möglichkeiten hast, jedem Element dem ihm eigenen Ausdruck zu erlauben, und Du ebenso vertraut wirst mit Feuer (Gelb; Ärger, Selbstbehauptung) wie mit Wasser (Orange; Empfindungen, Gefühle).

Dieses Buch will nicht irgendeine Krankheit feststellen, beschreiben oder behandeln. Es will Dich lehren, Dich selbst in einer neuen Weise zu sehen und zu fühlen, damit Du eine neue Beweglichkeit kennenlernst, eine andere Art, Dein Wohlbefinden zu erreichen.

Ich möchte die Farben Weiß, Schwarz, Rosa und Violett unserer Farbpalette hinzufügen. Die Farbe Weiß fügt der Form Leichtigkeit, Reinheit und Sauberkeit hinzu. Wenn Du ganz in Weiß gekleidet bist, richtest Du Deine Aufmerksamkeit auf Dich selbst. Jede Farbe, der Weiß beigemischt wird, bekommt diese Eigenschaft. Schwarz ist geheimnisvoll, verführerisch und verbergend. Jede Farbe, der Schwarz beigemischt wird oder die dunkler ist, bekommt mehr von dieser Eigenschaft. Rosa ist ein Gemisch von Rot und Weiß. Violett symbolisiert Weisheit, innere Stärke, und Führung.

(Mehr über diese Farben erfährst Du von dem Farbführer auf der Rückseite des Buches.)

Der Color-Love-Prozeß

Die fünf Schritte:

1. Atem
2. Visualisieren
3. Bewußte tägliche Übungen
4. Affirmationen
5. Dank

Im Color-Love-Prozeß möchte ich gerne, daß Du diese fünf Schritte lernst, damit Du dieses Buch für Deine persönliche Reise gebrauchen kannst. Zunächst mußt Du Dir ein Thema suchen, an dem Du arbeiten willst. Das kannst Du tun, indem Du die Elemente und Farben in diesem Buch anschaust und die aussuchst, die für Dich in diesem Augenblick am wichtigsten sind. – Ist es Liebe, Geld, oder wie man sich von Streß befreit? Ist es ein gesundheitliches Problem, daß gerade jetzt Deine Aufmerksamkeit braucht? Vielleicht sprichst Du mehrere Farben an. Wenn Du die Farben gefunden hast, mit denen Du arbeiten willst, schlage den jeweiligen Arbeitsteil auf und folge den angegebenen Schritten.

Der Color-Love-Prozeß ist das Ergebnis von langjährigen Studien. Ich habe Grundprinzipien von wirkungsvollen Methoden gefunden, die positive Ergebnisse im Verhalten der Menschen bewirken. Ich habe Auszüge von vielen ganzheitlichen Therapiemethoden sowie Grundprinzipien der alten Griechen kombiniert, und meine Ratschläge so zusammengestellt und vereinfacht, daß Sie meiner Meinung nach optimal für Deine Farbenreise geeignet sind. Ich habe die Erfahrung gemacht, daß durch den Color-Love-Prozeß mit Übung, Konzentration und der Bereitschaft zu vertrauen und offen zu sein, Wunder wirklich möglich sind.

1. Wie man den Atem zur Tiefenentspannung benutzt

Der erste und wichtigste Schritt zu Beginn des Color-Love-Prozesses ist, uns unserer Atmung bewußt zu werden. Atmest Du tief ein oder atmest Du eher flach? Ich möchte hier betonen, wie wichtig es ist, tief und voll aus dem Bauch, Zwerchfell und Brustbereich heraus atmen zu lernen.

Atem ist der Schlüssel zum Leben. Er ermöglicht uns mit unserem inneren Selbst in Berührung zu kommen. Wenn wir uns unseres Atems bewußt werden, können wir in den Zustand tiefer Entspannung kommen, der zur Aufrechterhaltung der Gesundheit nötig ist. Diese Entspannung führt uns in einen Zustand der Empfänglichkeit und Offenheit, der Grundvoraussetzung für unseren Prozeß ist.

Um sich der Atmung bewußt zu werden, setze Dich am besten in einen bequemen Sessel und konzentriere Dich auf Deinen Atem. Lasse Deine Hände sanft auf Brust und Bauch ruhen und fühle, wie der Atem kommt und geht. Versuche zu spüren, aus welchem Bereich Du atmest. Atme tief ein und lasse den Bauch sich heben und senken. Dies nennt man Zwerchfellatmung.

Stell Dir nun gleichzeitig vor, wie beim Einatmen kühle Luft und beim Ausatmen warme Luft durch die Nase strömt, während Du den ganzen Körper mit Atem füllst und Brust und Bauch sich heben und senken. Mache das ein paar Minuten pro Tag, besonders in Zeiten von Streß. Zur Entspannung zu atmen kann eine große Hilfe sein um sich auszubalancieren und in seiner Mitte zu ruhen. Nimm Dir täglich ein paar Minuten Zeit um Deine Zwerchfellatmung zu üben.

Beim Farbatmen mußt Du zuerst die Farbe finden, die Du brauchst und willst. Sagen wir, Du bist sehr angespannt und kannst nicht einschlafen. Du kannst die Farbe Blau nehmen, um zu entspannen. Lege Dich dann hin und nimm einen tiefen Atemzug voll Blau. Du kannst Dir einen blauen Himmel vorstellen oder ein tiefblaues Meer, das durch alle Teile Deines Körpers fließt. Am Anfang ist es gut sich die Farbe im ganzen Körper vorzustellen, vom Kopf hinunter durch die Brust, den Solarplexus bis in die Fingerspitzen und noch weiter durch die Beine bis zu den Zehenspitzen. Wenn Du ausatmest, atme die Farbe Grau aus und lasse dieses Grau die ganze Anspannung symbolisieren, die nun Deinen Körper verläßt. Atme Blau ein und Grau aus. Wiederhole diese Abfolge und Du wirst Dich sehr bald völlig entspannt fühlen und in einen tiefen Schlaf fallen.

Wenn Visualisation schwierig für Dich ist, versuche die Farbe in Deinem Körper zu spüren – fühle, wie sie um Dich herum und in Dir fließt. Bei jeder Farbe, die Du einatmest, atmest Du Grau aus. Wenn zum Beispiel irgend ein Teil Deines Körpers Heilung braucht, kannst Du die Farbe Grün wählen. Atme dann die Farbe Grün ein und Grau aus.

Übe jeden Tag Deinen Farbatem. Du wirst über die Ergebnisse staunen! Nach dem Farbatem bist Du bereit für die Visualisation.

2. Visualisieren ist eine kraftvolle Methode, um unser Leben positiv zu verändern

Visualisieren ist eine kraftvolle Methode, um nötige und erwünschte Veränderungen in unserem Leben herbeizuführen. Wenn wir etwas visualisieren, schaffen wir in einem entspannten Zustand ein geistiges Bild für uns selbst. Wir stellen uns mit unserer kreativen Vorstellungskraft die Dinge vor, die wir verändern wollen.

Wenn Du beispielsweise sehr unter Druck stehst, möchtest Du vielleicht visualisieren, wie Du auf einem Floß liegst, das sanft einen Fluß hinunterschwimmt. Damit gibst Du Deinem Körper das wunderbare Gefühl einer tiefen Entspannung, das sich einstellt, wenn Du ohne Zeitdruck auf dem Wasser treibst.

Um Deine Fähigkeit, diese kraftvolle Methode der Visualisation zu benützen, zu steigern, wollen wir folgende Übung machen.

Stelle Dir Dich in einer Situation vor in der Du außergewöhnlich glücklich warst, eine wunderbare Lebendigkeit fühltest, eine Ganzheit, Freude, als Du Dich vollkommen ausgeglichen gefühlt hast, eins mit Dir selbst und dem Universum. Nimm Dir eine Situation und erinnere Dich an alle die Geräusche: singende Vögel oder den Klang des Meeres. Sieh all die Menschen um Dich herum, alle Dinge, die Umgebung, in der Du Dich befindest, sieh das alles und fühle jetzt alle physischen Empfindungen in Deinem Körper, während Du das wunderbare Gefühl von Lebendigkeit, Ganzheit und Harmonie genießt.

Sieh jetzt die ganze Situation farbig. Egal welche Farbe Dir in den Sinn kommt. Gib dieser Erfahrung eine Überschrift, eine Überschrift mit einer Farbe und Deinem Namen (Janes blaue Glückseeligkeit am Meer).

Wiederhole diese Visualisation um Deine Fähigkeit des Visualisierens zu steigern.

In unserem Buch gibt es eine Visualisation für jede Farbe.

Sei empfänglich für Dein eigenes spontanes Bewußtsein von Farbe, daß Dir vielleicht eigen ist. Sei Deiner eigenen intuitiven Fähigkeit gegenüber offen, Farben zu visualisieren, die Du vielleicht brauchst, um Dich oder Deine Situation zu irgendeinem Zeitpunkt zu heilen.

3. Affirmationen

Eine Affirmation ist eine positive Aussage, die wir in bezug auf uns selbst machen, um unsere Glaubenssätze und Gedanken neu zu programmieren. Es ist die Kraft, uns vorzustellen, daß wir die erwünschten Ziele unseres Lebens schon erreicht haben. Wir bejahen, daß sich unser Leben bereits zum Besseren verändert hat.

Ich möchte Dich bitten an diesem Punkt offen anzunehmen, daß das was wir denken unsere Erfahrungen beeinflußt. Wenn wir zum Beispiel denken, nicht liebenswert zu sein, werden wir sicher ständig die Erfahrung machen, von anderen nicht geliebt zu werden. Eine Affirmation ist eine Feststellung, die darauf abzielt, unsere Gedanken und Grundüberzeugungen zu ändern, so daß wir in unseren Leben die positiven Veränderungen erschaffen können, die wir wollen. Wenn wir mehr Liebe in unserem Leben wollen, müssen wir vielleicht unseren Glaubenssatz von «Ich bin nicht liebenswert» in «Ich fühle mich geliebt» verändern.

Damit sie wirksam wird, kann eine Affirmation zehnmal am Morgen direkt nach dem Aufwachen und/oder vor dem Zubettgehen aufgeschrieben werden. Du kannst sie vor einem Spiegel laut zu Dir selbst sagen oder sie wiederholt auf einem Tonband anhören, das Du selbst besprochen hast. Wiederholung ist der Schlüssel. Je öfter Du die Affirmation wiederholst, um so besser.

Je klarer Du den gewünschten Zustand visualisieren kannst und Dir selbst erlaubst, Vertrauen zu haben und daran zu glauben, daß das Gewünschte eintreten wird, daß es eigentlich gerade jetzt entsteht, um so schneller werden die Ergebnisse in Deinem Leben sichtbar werden.

4. Bewußte tägliche Übungen
Zu jeder Farbe gibt es eine tägliche Übung, um die Wirkung der Farbe in Deinem Alltagsleben zu steigern.

5. Die vielen Vorzüge von Dankbarkeit −Anerkennung
Ein Bestandteil unseres Prozesses und des Prozesses, einen gesunden Geist-Körper zu erschaffen, ist, für das zu danken, was wir bereits haben, und unserer inneren Weisheit zu vertrauen, welche weiß, was am besten für uns ist.

Es ist an diesem Punkt wichtig, die Änderungen zu sehen, die Du Dir wünschst. Betrachte sie so, als würden sie sich schon einstellen und fühle Deine Dankbarkeit für dieses wunderbare Geschenk.

Laß uns beginnen

Wie findest Du die Farbe, mit der Du arbeiten möchtest? Zunächst mußt Du Dich fragen: wie fühle ich mich jetzt gerade? Welche Qualität fehlt mir im Moment am meisten? Sagen wir, Du wachst am Morgen auf und Dir fehlt jegliche Motivation. Du fühlst Dich müde und niedergeschlagen und gerade heute hast Du einen riesigen Berg Arbeit vor Dir. Wenn du nun auf dem Farbführer nachsiehst, findest Du die Eigenschaften, die Du dringend benötigst: Enthusiasmus, zielstrebiges Handeln. Genau das ist es. Das Element ist Feuer. Die Farbe ist Gelb. Nun schlag in Deinem Buch den gelben Abschnitt auf und beginne mit dem Farbatem, dann mache Deine Farbvisualisation, die Bewußte tägliche Übung, arbeite mit den Affirmationen, sei dankbar und erkunde Deine Gefühle im Arbeitsteil. Du kannst mit so vielen Farben arbeiten, wie Du magst, und sie so mischen, wie Du willst.

Du kannst der Künstler Deines eigenen Lebens sein und die Bilder und Landschaften, die Du wünschst, jeden Moment erschaffen.

Farbe ist etwas Persönliches. Benutze Farben um Deine positiven Erfahrungen zu stärken und Dich selbst neu und farbig zu erschaffen!

Ich möchte Dir noch dafür danken, daß Du offen bist für diese einzigartige und spezielle Art, Farbe zu erfahren, und lade Dich ein zu experimentieren, zu erfahren, positiv zu verändern und Spaß zu haben.

Blau

Äther – Selbstausdruck – Kommunikation – sich öffnen
tief verstanden und geschätzt

Blau ist die wundervolle Farbe
der Tiefenentspannung und Ruhe

Das Ätherelement symbolisiert unsere Fähigkeit, uns selbst auszudrücken, mit anderen Menschen zu kommunizieren. Es ist
das Gefühl der Ausdehnung, des Sichöffnens, sich frei und un-
gehemmt zu fühlen. Blau ist die Farbe der Ernsthaftigkeit. Sie
hat eine sehr beruhigende Wirkung auf das Nervensystem.

Das Ätherelement öffnet den Raum für den Fluß der anderen Elemente. Daher vermittelt Blau das Gefühl der Weite, von
viel Raum, um sich darin zu bewegen; es hilft uns, unsere Aufmerksamkeit zu schärfen. Wenn wir irgendwie feststecken,
kann uns Blau auf tief entspannende und friedvolle Weise zu
neuen Möglichkeiten führen.

Farbvisualisation

Der Bluebird-Ausdruck

Nun treten wir in die Zeit des Blau ein. Setze Dich bitte hin und entspanne Dich; jeder Muskel in Deinem Körper soll seine bequemste Haltung einnehmen. Stelle Dir vor, wie die Farbe Blau in Deinem Körper fließt, wie blauer Atem Deine Lungen füllt. Bauch und Brustkorb dehnen sich aus und Blau fließt durch alle Organe Deines Körpers.

Und wenn Du ausatmest, stelle Dir vor, ein silberner Krug hängt über Deinem Kopf, gefüllt mit dem wunderschönsten blauen Wasser, das Du jemals an einem warmen Sommertag gesehen hast, ein türkises, geradezu leuchtendes Blau. Spüre wie das warme blaue Wasser vom Scheitel Deines Kopfes durch jeden Teil Deines Körpers hindurchläuft während Du Dich noch tiefer entspannst und Dein Geist alle Gedanken an den Tag losläßt. Alles löst sich in Blau auf und Dein Körper entspannt sich noch mehr; Du befindest Dich am Rande des Wassers während Du auf die blaue See hinausblickst. Türkis oder Blau so weit das Auge reicht. Lehne Dich zurück und fühle die Weite des unbegrenzten Raumes...

Fühle wie der Raum sich in Deinem Körper öffnet, wenn Du auf das tiefe Schweigen lauschst; sogar die Gelenke atmen und lassen die Bewegungen ganz natürlich aus Deinem Körper heraus entstehen. Lasse alle Deine Organe in dieser strahlend blauen Flüssigkeit baden und fühle wie der Raum in Deinem Körper sich mit jedem Ein- und Ausatmen weiter öffnet.

Stelle Dir vor wie Du Blau trägst, ein Blau, daß Du liebst. Während Du auf die blaue See hinaussiehst, die sich bis zur untergehenden Sonne erstreckt, siehst Du eine wunderbare blauschimmernde Drossel über das Wasser fliegen. Sie singt sehr schön, kommt zu Dir, setzt sich auf Deine Schulter und sagt Dir, daß Du all die Dinge in Dir, die herauskommen müssen, nun loslassen und freilassen kannst: alle Dinge, die Du sagen willst, alle Gefühle, die Dir Angst machen, lasse sie nun frei und sicher in der Dir angemessenen Zeit zu. Du bist so glücklich und dankst dem kleinen Sänger. Und mit einem tiefen Seufzen drehst Du Dich zur Sonne um und läßt die Töne über das Wasser hinweg ausklingen...

Gegen Streß

Für innere Kraft und Frieden

Um bewußt zu atmen

Nimm einen Atemzug und stelle Dir um Dich herum eine blaue See vor. Lasse das Blau des Wassers aus Dir hervorströmen wie die Strahlen von blauem Licht, das von den Füßen durch den ganzen Körper bis zum Scheitel emporwirbelt und sich dann bis in die Sonne weiterdreht...

Affirmationen

- Ich drücke mich klar aus.
- Ich werde verstanden und geschätzt.
- Ich habe viel Raum.
- Ich genieße das wunderbare Gefühl von tiefer Entspannung, während ich weiß, daß für alles gesorgt ist.
- Ich genieße das Gefühl loszulassen.
- Ich vertraue mir selbst.
- Ich bin voll Frieden.

Körperbereiche – Gelenke, Halsbereich

(Die Verbindung von Körperregionen mit entsprechenden Farben basiert auf der Arbeit von Dr. Randolph Stone und der Polarity Therapie.)

Anerkennung

Fühle und sieh Dich selbst, wie
Du bekommst, was Du wünschst.

Sei dankbar.

Arbeitsteil

Schreibe hier alle Menschen Deines Lebens auf, denen gegenüber Du Dich klar ausdrücken solltest...

Und alle Situationen jetzt und in der Vergangenheit, in denen Du Dich gefangen, erstickt, unfähig frei zu sprechen, eingeschlossen oder unterdrückt gefühlt hast.

Bist Du angespannt, unter Streß?
Unter welchen Bedingungen?

Mit wem?

Gib Dir allen Raum, den Du brauchst.

Wie atmest Du? (Mit der Brust oder dem Zwerchfell?)

Arbeitsteil

Eigene Gedanken

Grün

Liebe – Heilung – Mitgefühl – Harmonie
Erfolg – Fülle – Reichtum

Grün ist die Farbe des Luftelements

Kurze und schnelle Bewegungen, entspricht dem Intellekt, die Fähigkeit Dinge klar zu sehen, zu unterscheiden und auszuwählen.

Die Farbe Grün symbolisiert Reichtum, Fülle und Erfolg. Sie ist das Herz, die Fähigkeit zu lieben, mitfühlend zu sein, die Kunst des Zuhörens und in sich ausgeglichen zu sein. Sie ist die Fähigkeit, rasch Entscheidungen zu treffen, sich mit Leichtigkeit von einer Lebenssituation in die nächste zu begeben.

Grün ist wie die Bewegung eines Schmetterlings oder Vogels, immer wieder in neue Höhen fliegend, um einen neuen Ausblick zu gewinnen.

Farbvisualisation

In den smaragdgrünen Teich der Liebe blicken

Suche Dir einen angenehmen Ort zum Entspannen. Laß Deinen Körper in einen weichen Sessel sinken und erlaube Deinem Geist, während Du einatmest, sich treiben zu lassen und laß mit dem Ausatmen alle Probleme des Tages los. Deine Gesichtsmuskeln entspannen sich, ja genau, lasse Deinen Kiefer los. Gehe mit Deiner Aufmerksamkeit nach Innen und erlaube dem ganzen Körper, sich zu entspannen. Spüre Deine Füße auf dem Boden und wie Dein Rücken den Stuhl berührt; fühle, wo die Luft mit Deiner Haut in Kontakt kommt, und höre alle Geräusche, die Dich in diesem Moment umgeben. Laß sie Teil Deiner Reise werden, während Du ein- und ausatmest, und erlaube Dir noch tiefer in diesen wunderbaren Zustand friedlicher Entspannung zu sinken.

Nun sieh Dich selbst, wie Du mitten auf einer großen Wiese stehst, hohes grünes Gras so weit Dein Auge reicht, und sieh in dem Gras, wie sich der Wind kräuselt und es zu wellenförmigen Mustern formt, grüne Wellen überall um Dich herum; fühle die warme Sonne auf Deinem Gesicht, während Du in einen smaragdgrünen Teich blickst und den süßen Duft des Sommers einatmest, frische grüne Üppigkeit nach einem Regenschauer... Du siehst Dein eigenes Spiegelbild im Teich und aus Deinen Augen strahlt soviel Liebe... wenn Du aufblickst, siehst Du einen weißen Vogel über den blauen Himmel schweben; Du schaust ihm zu, wie er weit weg auf dem höchsten Ast eines Baumes landet; einige Blätter fallen und Du beginnst zu laufen, Du fühlst Dich so leicht und beschwingt wie der Vogel, während Du Dich schnell durch das grüne Gras bewegst, um ein fallendes Blatt aufzufangen...

Und nun laß für einen Moment diejenigen Personen und Situationen in Deinem Leben, die der Heilung bedürfen, in Deine Gedanken kommen. Nimm Dir Zeit, um Dich selber und diese Menschen wirklich deutlich zu sehen. Sieh die Liebe und das Mitgefühl in Deinen Augen. Jetzt sieh in ihre Augen. Finde die Liebe. Nun färbe die ganze Szene mit Hilfe Deiner Vorstellungskraft grün ein. Erlaube der grünen Farbe, Deinen Körper zu durchdringen und zu beruhigen. Laß sie alle schmerzenden Stellen in Dir und in Deinen Beziehungen heilen. Atme Grün in diese Bereiche.

Danke...

Wir anerkennen Deine Bereitschaft zu erforschen und in unbekannte Räume Deines Selbst zu reisen, Dich den Veränderungen zu öffnen und neue Dinge über Dich selbst zu erfahren...

Bewußte tägliche Übung

Mache die im Color-Love-Prozeß beschriebene Entspannungs-
atmung, um in einen aufnahmebereiten Zustand zu kommen.

Stelle Dir Deine Situation vor, wie sie jetzt ist. Vielleicht
hättest Du gerne mehr Geld, größeren Erfolg, mehr Anerken-
nung, vielleicht würdest du gerne ein neues geschäftliches
Abenteuer beginnen. Sei ehrlich.

Jetzt stell Dir die Farbe Grün vor. Laß sie jeden Teil Deines
Körpers ausfüllen. Stell Dir vor, wie Dich ein grünes Licht umhüllt. Stell Dir Deine Situation in bezug auf Wohlstand vor und
umgebe sie mit Grün.

Stelle dir die Menschen und Situationen vor, Dich selbst in
diesem Prozeß mit eingeschlossen, denen gegenüber Du mehr
Liebe, Mitgefühl oder mit denen Du mehr Harmonie fühlen
möchtest; umgib sie mit Grün. Sei sicher, daß Du dies mit Deinem Atem tust.

Umhülle jeden, der Heilung braucht – auch dich selbst –
mit der Farbe Grün.

Bejahe Deine neue Situation, wie wenn sie schon Wirklich-
keit geworden wäre. Wähle die Affirmation aus, die am besten
paßt oder erfinde selber eine, die dem mehr entspricht, und
schreibe sie in dem dafür vorgesehenen Raum im Arbeitsteil
auf.

Sei dankbar... finde den Weg, der Dir am meisten entspricht.

Affirmationen

Wähle diejenige aus, die für Dich im Moment am besten paßt.

- Ich bin erfüllt von Liebe.
- Ich heile mich selbst und andere.
- Ich bin mitfühlend.
- Ich genieße größere Fülle und mehr Reichtum in meinem Leben.
- Was immer ich brauche kommt ohne Anstrengung zu mir.

Körperbereiche – Herz, Lunge, Waden, Fußgelenke

Anerkennung

Sieh Dich selbst genau so,
wie du gerne sein würdest.

Sei dankbar

Mache eine Liste von denjenigen Menschen in Deinem
Leben, die Du liebst.

Schreibe jetzt die Menschen auf, bei denen Du am meisten
Mühe hast, sie zu lieben, und die Situationen, in denen Du
das wenigste Mitgefühl hast.

Notiere hier die Menschen, Dich eingeschlossen, die
zur Zeit der Heilung bedürfen.

Arbeitsteil

Mache Dir Gedanken zu Deiner finanziellen Situation und schreibe alle Gefühle oder Worte auf, die sie im Moment beschreiben. Würdest Du gerne wohlhabender sein? Wenn dem so ist, beschreibe so genau wie möglich, wie Du Dir Dein Leben vorstellst. Erwähne möglichst viele Details.

Affirmationen

Wähle diejenige Affirmation aus, die Dir am meisten zusagt, oder finde Deine eigene.

Arbeitsteil

Eigene Gedanken

Gelb

Feuer – Handlung – Entschlußkraft
Enthusiasmus (Begeisterung)

Gelb ist die Farbe des Feuers

Sie ist die Fähigkeit, Dinge klar zu sehen. Gelb steht für die Fähigkeit, mit klarer Absicht, Entschlußkraft, Begeisterung und Zuversicht zu handeln. Sie ist unsere Bewegung hinaus in die Welt.

Sie ist die Kraft, die es uns ermöglicht mit dem Denken aufzuhören und zu handeln. Sie ist die Farbe der Vision und der Zukunft, der Spontaneität, der konzentrierten Energie und der feurigen Leidenschaft.

Farbvisualisation

Der springende Tiger und die Butterblume

Finde einen ruhigen und gemütlichen Platz, wo Du Dich weit weg von Deinen Ängsten und Alltagssorgen entspannen kannst. Laß los, laß Deine Kiefermuskeln los, entspanne Deinen Nakken, löse die Spannung um Deine Augen herum auf, laß sie sich in das Gelb von Narzissen verwandeln, die sich in einer warmen Sommerbrise leicht bewegen.

Erlaube Dir, während Du sanft und leicht ein- und ausatmest, an jenen Ort in Deinem Innern zu gehen, wo nur Gelb ist. Du atmest die Farbe Gelb ein und siehst, wie Du gerade in einen wundervollen Palast eigetreten bist, ein weißes Schloß, daß sich bis in den Himmel erstreckt. Dieses Schloß ist umgeben von Millionen wunderschöner strahlendgelber Blumen, Narzissen, Tulpen und ganze Felder mit gelben Butterblumen und Wildblumen überall.

Du traust Deinen Augen kaum, als Du die warme Sonne auf Deinem Gesicht spürst, ein riesengroßer Feuerball hoch im Himmel wärmt Deine Finger und Zehen, wärmt Deinen Bauch und Du hörst den wunderschönen Gesang eines Kanarienvogels, der auf einer gelben Narzisse trohnt. Du fühlst die Spitzen seiner Flügel als Du Dich nach unten neigst, um eine kleine zarte Butterblume zu pflücken, und Du hältst sie unter Dein Kinn.

Als Kind wie auch als Erwachsener kannst Du, der Butterblume gleich, die Wahrheit sagen und entsprechend handeln. Und weit weg von Dir sitzt ein gelber Tiger im Schatten; er fixiert seine Beute und mit zielgerichteter Absicht macht er einen Sprung...

Stimme Dich in Deinen Atem ein.

Umgebe Dich mit gelbem Licht. Sieh, wie Du das tust, was nötig ist.

Fühle die Erregung beim Handeln. Lasse die Begeisterung Deinen ganzen Körper erfüllen.

Laß gelbes Feuer durch Deine Augen strömen und sieh den nächsten Schritt, den Du tun mußt, klar vor Dir.

Laß es zu Dir kommen.

Jetzt ist die Zeit zu handeln.

- Ich tue, was nötig ist, mit Begeisterung, Absicht und Leidenschaft.

- Ich erschaffe mit kraftvoller Energie alles, was ich mir wünsche.

- Ich traue mir zu, das zu erschaffen, was für mich das Beste ist.

Körperbereiche – Verdauungssystem, Augen, Oberschenkel

Sieh Dich selbst, wie wenn alle erwünschten
Veränderungen schon eingetreten wären.

Sei dankbar

In welchen Lebensbereichen könntest Du feuriger sein?
Leidenschaftlich? Begeistert?

Gibt es Bereiche in Deinem Leben, wo Du Dich
als passiv erlebst?

Arbeitsteil

Was gibt es jetzt zu tun?

Meine Affirmationen

Arbeitsteil

Eigene Gedanken

Orange

Kreativität – Sexualität – Gefühle

Orange ist die Farbe des Wasserelementes

Orange symbolisiert unser tiefes Reservoir der Kreativität und der Intuition, die Kraft, Verbindungen einzugehen und mit unseren Gefühlen zu fließen; sie steht für unsere Fähigkeit, Beziehungen zu haben und aufrecht zu erhalten. Orange regiert unsere Sinnlichkeit und Sexualität. Sie ist die Qualität die unser Leben in einen Tanz verwandelt – Anmut und Bewegung – im Fluß zu sein und kreativ zu sein in jedem Lebensbereich.

Farbvisualisation

Sinnliches Wiedererwachen

Zieh dich an einen Ort zurück, wo Du entspannen kannst. Nimm einen tiefen Atemzug und während Du langsam ausatmest, erlaube Deinen Gedanken dahinzutreiben ... wie Goldfische, die in einem wunderschönen Teich umherschwimmen, einer nach dem andern treibt schwerelos unter den Wasserlilien hindurch, die Sonnenstrahlen genießend, die bis ins Wasser scheinen.

Du blickst auf und siehst Dich umgeben von großen majestätischen Kieferbäumen und in der Ferne nimmst Du einen hohen Berg wahr. Aus dem Waldesinnern hörst Du das Geräusch von plätscherndem Wasser, das zwischen den Felsen herabsprudelt. In diesem kleinen Wasserfall reflektiert sich die Sonne in den wunderschönsten Farben.

Während Du immer mehr losläßt und die Gesichtsmuskeln sich immer mehr entspannen, nimm Dir einfach alle Zeit, die Du brauchst, und laß die Geräusche um Dich herum sich zu einem einzigen Klang verschmelzen, der Dich beruhigt wie das Rauschen des Wasserfalls, der unbeirrt über Felsen und Geröll seinen Weg findet und dabei schließlich alles Harte und Eckige glättet und abschleift.

Stein für Stein hinabgleitend kannst auch Du in der Zeit zurückgehen bis zu Deiner Erinnerung an Dein erstes sinnliches Erwachen, vielleicht in einer heißen Sommernacht am Ufer eines alten Flußes.

Durch die tiefe Bewegung des Wassers kannst auch Du Deine eigene Sinnlichkeit ins Gedächtnis zurückrufen und während Du die Goldfische so leicht und mühelos schwimmen siehst, erinnerst Du Dich an den ersten Kuss, der Dich an einem warmen Sommerabend, in einer mondbeschienenen Nacht erschaudern ließ, weil er so zärtliche Gefühle in Dir geweckt hat. Du kannst Dich erinnern, wie gut es sich anfühlt, wenn Du all diese süßen Empfindungen durch Deinen Körper strömen läßt. Während Du anmutig und mühelos durch diese Gefühle gleitest, umhüllt Dich ein langes Gewand aus verschiedenen Orangetönen von Pfirsichfarben über Lachs bis hin zu einem kräftigen dunklen Rotorange, in dem Du Dich sehr behaglich und lebendig fühlst. Mit Leichtigkeit bewegst Du Dich zu Deiner/Deinem Geliebten hin, mit dem selben Wohlbehagen, wie Du Dich an einem kalten Wintertag in ein wohlriechendes, heißes Bad sinken läßt.

Atme tief. Sieh Dich orangefarbene Töne tragen. Fühle, wie das Orange in Deine Haut eindringt. Umgebe Dich mit orangefarbenem Licht.

Sieh Dich selbst, wie Du kreativer, intuitiver bist.

Fühl, wie es ist, mit diesem wesentlichen, sinnlichen Teil Deiner selbst in Berührung zu sein. Und während Du die Farbe Orange einatmest, laß Deine Gefühle hervorkommen und sich neu mit Dir verbinden.

Affirmationen

- Ich traue mich mit all den wunderbaren Möglichkeiten des Lebens zu fließen.
- Ich bin ein sehr sinnliches Wesen.
- Ich bin fließend anmutig und kreativ.
- Ich bin fähig, alle meine Gefühle zuzulassen.

Körperbereiche – Füße, Sexualorgane, Brust

Anerkennung

Sieh Dich selbst genau so,
wie Du gerne sein würdest.

Sei dankbar.

Schreibe die Lebensbereiche auf, wo Du gerne kreativer, intuitiver, sinnlicher wärest; wo Du fließender, anmutiger sein möchtest.

Sind Deine Beziehungen so, wie Du sie gerne hättest?

Bist Du fähig mit den Dingen zu fließen? Wie gehst Du mit Hindernissen in Deinem Leben um?

Wie ist Dein Liebesleben?

Mein liebstes Gefühl.

Das Gefühl, daß ich am wenigsten mag.

Arbeitsteil

Eigene Gedanken

Rot

Grenzen setzen – Vertrauen – Sicherheit – Antrieb
Schwingung– Struktur

Die Farbe Rot ist das Element Erde

Sie ist stimulierend, schwingend, magnetisierend, anziehend.
Dunkle Schattierungen von Rot über hellere Nuancen bis Rosa
mischen sich in einer majestätischen Rose. Sie hat ein enormes
Heilpotential. Rot ist stark, schnellschwingend, leidenschaftlich
und überschwenglich. Ähnlich einem heißen Wickel zieht sie
die tief in uns liegenden Eigenschaften, die zum Vorschein
kommen müssen, aus uns heraus.

Rot ist die Erde und bringt die Qualitäten der Erde ein. Rot
befähigt uns, die endlosen Möglichkeiten zu strukturieren. Es
bringt uns die Eigenschaften, uns durch Mutter Erde sicher, ge-

schützt und genährt zu fühlen. Erde ist auch das Element unserer Sinne, von Berühren, Riechen, Sehen und Hören. Erde befähigt uns, physische Sinneseindrücke in unseren Körpern zu erfahren. Erde braucht ihre Zeit, sie ist langsam und ruhig wie grasende Kühe auf der Weide, wie der Esel, der sich in der ihm eigenen Gangart die Straße hinunterbewegt, wie die Schildkröte sicher und geschützt in ihrem Panzer. Der Erde ist Geduld und Ausdauer zu eigen.

In all seinen Schattierungen offenbart Rot diese Qualitäten. Es befähigt uns aus unserem Innenleben ausdauernde Lebenskraft zu ziehen, es vermittelt uns das Gefühl von Sicherheit, Schutz und Leidenschaft. Lassen wir uns Zeit, wie ein Kamel; verwurzelt in einem festen Untergrund, unerschütterlich und dauerhaft...

Farbvisualisation

Den leuchtenden Rubin ausgraben

Mache es Dir mit ein paar Kissen bequem. Laß Deinen Körper in der Weichheit versinken, während Du tief ein- und ausatmest und sich Deine Gedanken in der Farbe Rot auflösen. Laß die Dich umgebenden Geräusche ineinanderfließen und sie zu einem Teil Deiner Erfahrung werden. Nimm dir soviel Zeit, wie Du brauchst. Entspanne auch Deinen Nacken und das Kreuz.

Stell dir einen hellen roten Rubin vor, der im Sonnenlicht leuchtet, während Du in einer heißen Gegend auf roter ausgetrockneter Erde stehst. Sieh dich selbst als kleines Mädchen oder Jungen im Alter von ungefähr acht oder zehn Jahren wie Du in einer Schlammpfütze stehst. Du versuchst einen Rubin auszugraben und während Du die weiche nasse Erde zwischen Deinen Fingern fühlst, wirst Du sehr aufgeregt. Du entdeckst etwas. Nun gehe zurück zu einer Zeit, wo Du keine Sorgen hattest, als es noch kein Zeitgefühl gab, nur den Moment in Dir und das Gefühl der Erde, die sich in Deiner Hand in kleine Klumpen verwandelt.

Wie Du den süßen Duft von rotem Lehm einatmest, schaust Du hinaus auf eine Wiese mit purpurroten Blumen und siehst, wie ein Kardinalvogel seine Flügel ausbreitet. Du gräbst den Rubin aus, hältst ihn mit Deiner Hand gegen die Sonne. Der rotgeflügelte Vogel schwingt sich zu dir herab, nimmt ihn aus Deiner Hand und trägt ihn, einem goldenen Sonnenstrahl folgend, über die Baumwipfel davon.

Du stehst jetzt als Erwachsene(r), die Füße fest in die Erde gepflanzt, und hast genau dasselbe Vertrauen wie als Kind, als Du im Dreck gespielt hast.

Nun laß die Situationen in Dein Bewußtsein kommen, in denen Du Dich sicherer fühlen möchtest.

Stimme Dich in Deine Atmung ein.

Färbe die gesamte Szene rot ein. Sieh Dich selbst sorgenfreier und mit mehr Vertrauen in der Situation stehen. Sieh Dich Rot tragen, ein Rot, daß Du liebst.

Erlaube der Farbe Rot in Deinen Körper zu sinken, während Deine Füße sicher in der Erde verwurzelt sind.

Atme Rot ein.

Langsam.

Nimm Dir soviel Zeit, wie Du brauchst.

Affirmationen

Wähle die Affirmation, die Dir am meisten entspricht.

- Ich wähle das aus, was für mich
  das Beste ist.
- Ich konzentriere mich und handle so,
  wie es nötig ist.
- Ich habe alle Zeit, die ich brauche.
- Ich bin eine starke Persönlichkeit mit
  großer Ausstrahlung und ich werde
  täglich noch stärker.

Körperbereiche – Nacken, Knie, Dickdarm

Anerkennung

Sieh Dich selbst genau so,
wie Du gerne sein würdest.

Sei dankbar

Wirst Du durch Deine Arbeit angeregt ...
oder durch Deine Beziehungen?

Gibt es Bereiche in Deinem Leben, wo Du mehr
Vertrauen haben möchtest?

Schreib hier alle Lebenssituationen auf, die Dir in den Sinn
kommen, in denen Du konzentrierter, strukturierter sein müß-
test. Wo du langsamer handeln und Grenzen setzen solltest...

Fühlst Du dich geschützt und sicher?

Bist Du besitzergreifend? Wen muß ich loslassen? Halte ich mich an Menschen und Besitz fest?

Meine Affirmationen

Arbeitsteil

Eigene Gedanken

Rosa

Unschuld – Liebe – kindlich – Sanftheit

Rosa ist die Farbe der Liebe

Sie ist sanft, kindlich unschuldig und liebevoll. Rosa bietet uns
das Geschenk von Geborgenheit und Schutz in der Welt, wie
eine rosa Decke, in die ein Baby eingehüllt wird. Rosa
ist idyllisch, wie Engel symbolisiert es die Vervollkommnung
des Lebens und den Gipfel einer leidenschaftlichen Liebes-
beziehung.

Farbvisualisation

Ein Kreis von Rosen

Stell Dir vor, wie du auf einem Floß einen sehr sanften Fluß hinuntertreibst. Der Körper entspannt sich während Dein Atem gleichmäßig ein- und ausströmt. Nun entspannen sich auch die Gesichtsmuskeln. Wir beginnen eine wundervolle Reise ins Rosa.

Laß Deine Gedanken davonfliegen, wie die Blütenblätter einer wunderschönen rosafarbenen Blume, die von einem sanften Lufthauch verstreut werden. Hülle Dich jetzt ganz in Rosa ein, laß Dich völlig mit rosa Licht umgeben sein.

Nimm einen tiefen Atemzug vom Rosa und lasse die rosafarbene Flüssigkeit durch Deinen Körper fließen, sie bringt die Leichtigkeit und Sanftheit in Deinen Bauch, Deine Augen und Deinen Nacken und entspannt Dich noch mehr.

Ich möchte, daß Du Dir vorstellst, in einem rosafarbenen Wald zu sein, umgeben von den außergewöhnlichsten rosafarbenen Blumen, die Du je gesehen hast, jede schöner und leuchtender als die andere. Und dort, in der Mitte des Waldes ist ein Kreis von völlig vollkommen gewachsenen rosa Rosen. Du atmest den süßen Duft der Rosen und fühlst, wie Dein Herz sich öffnet, wärmer und sanfter wird. Du berührst die weichen rosa Blätter, hältst sie an Deine Lippen und fühlst ihre Sanftheit.

Sieh Dich selbst, wie Du in Rosa gekleidet bist, dein Lieblings-Rosa; fühle die heilende Kraft dieser Farbe, laß sie Dich wärmen: Du bist sicher (rot) und fühlst Deine Unschuld (weiß). Beanspruche die Unschuld für Dich, so wie ein Prinz oder eine Prinzessin, und trete voll Vertrauen in das Innere des Kreises...

Bewußte tägliche Übung

Der rosafarbene Liebesblitz

Stelle Dir eine Situation vor, in der Du gerne mehr Liebe erfahren möchtest. Mache Dir Deine Atmung bewußt.

Stell Dir vor, wie die Farbe Rosarot auf Dich und den von Dir geliebten Menschen herabscheint, mit wirbelnden, überfließenden Strahlen, die euch beide umkreisen.

Sieh, wie das rosarote Licht euch beide zusammen einhüllt, angefangen bei den Fußsohlen, dann um die Beine herum, höher zu den Herzen und Augen, bis zum Scheitel Eurer Köpfe.

Wenn das rosafarbene Licht der Sonne entgegenströmt trifft es eine grüne Wolke, die von oben auf Euch herabregnet, gefüllt mit goldenen Kristallen.

- Wir lieben uns mehr und mehr, jeden Tag.

- Wir haben eine harmonische, tiefe, erfüllende, leidenschaftliche Beziehung, und sie wird jeden Tag besser.

- Jugend, Gesundheit, Schönheit und Stärke gehören zu mir, und ich fühle mich jeden Tag besser.

Körperbereiche – Der ganze Körper, besonders die Falten

Sieh und fühle Dich selbst, wie Du das hast,
was Du willst.

Versichere Dir nun, daß das schon da ist,
was Du willst.

Sei dankbar.

Wo in Deinem Leben möchtest du mehr Spaß haben? Wo
möchtest Du mehr wie ein Kind sein?

Mit wem möchtest Du in diesem Moment mehr Liebe und
Harmonie zusammen haben?

Fühlst Du Dich genährt und beschützt?

Wie steht es um Deine Beziehungen? Möchtest Du mehr Liebe? Mehr Höflichkeit, Freundlichkeit, Sanftheit? Respekt?

Arbeitsteil

Eigene Gedanken.

Schwarz

Schutz – Geheimnis – Absorbierend

Schwarz, das Geheimnis

Schwarz hat, obwohl es das Gegenteil von Weiß ist, auch die Eigenschaft von Schutz. Schwarz absorbiert die Sonne, ihr Licht und ihre Energie. In heißen Gegenden trägt man gewöhnlich weiße Kleidung, damit die Hitze reflektiert und nicht absorbiert wird.

Schwarz ist die Farbe von Geheimnis und Verführung. Sie symbolisiert auch Autorität. Schwarz ist die Farbe von Verfälschung und Illusion. Viele Frauen tragen Schwarz um schlanker auszusehen. Schwarz ist verlockend und gleichzeitig verbergend.

Farbvisualisation

Schwarze Schönheit, ein Schwarzer Ritter in schimmernder Rüstung

Nun ist es Zeit, es sich bequem zu machen und den Körper während einer sicheren Reise ins Schwarz zu entspannen. Lasse Deinen Geist sich beruhigen, entspanne die Arme und Zehen. Sieh nun die Farbe Schwarz, ihre Leere und Dunkelheit.

In einiger Entfernung siehst Du ein großes schwarzes Pferd mit schimmerndem Fell und Mähne, naß vom Schweiß, im Sonnenlicht glänzen; Du siehst es in der Ferne den steilen Berg hinaufgalloppieren in den dunklen Nebel des Abends hinein. Du siehst einen ganz in Schwarz gekleideten Mann, sein Umhang flattert im Wind als das Pferd den Geheimnisumhüllten davonträgt.

Ein schwarzer Ritter in schimmernder Rüstung verschwindet in der Dunkelheit ... Du bist sicher ... er wird Dich beschützen.

Bewußte tägliche Übung

Atme bewußt.

Fühle die Dunkelheit um Dich herum auf eine sichere Weise.

Fühle das Erregende, das Geheimnisvolle des in der Dunkelheit verborgenen Lebens.

Wenn Du Dich zu sehr ausgestellt fühlst, zu hell, und Du mußt Dich selbst ein wenig unscheinbar machen (zum Beispiel in der New Yorker U-Bahn), erlaube einer leichten schützenden Dunkelheit, Dich zu umgeben.

- Ich bin sicher.

- Ich fühle mich sicher, wenn ich ganz ich selbst bin.

Sieh Dich selbst so, als hättest Du die Eigenschaften, die Du Dir gerne wünschst.

Sei dankbar dafür.

Beschreibe Dich selbst – bist Du verschlossen?
Verbirgst Du Dinge, schützt Du Dich?

Was ist Dein tiefstes, dunkelstes Geheimnis?

Nimmst Du die Meinung anderer Leute an?

Neigst Du dazu, Dinge für Dich zu behalten, hin und her zu überlegen, eingehend über etwas nachzudenken, bevor Du handelst?

Wie kann ich mich vor zu viel Ausgesetztsein schützen?

Arbeitsteil

Eigene Gedanken

Weiß

Magnetisch – Reinheit – Licht – reflektierend

Weiß, das Licht

Weiß ist die Farbe der Reinheit und Leichtigkeit. Sie zieht an. Wenn jemand, der ganz in Weiß gekleidet ist, einen Raum betritt, wendet sich alle Aufmerksamkeit sofort dieser Person zu.

Die Farbe Weiß symbolisiert Klarheit und ist erhebend. Sie wird oft zum Schutz gebraucht und ist besonders für Menschen geeignet, die Schwierigkeiten haben, sich selbst Grenzen zu setzen.

Weiß reflektiert, es absorbiert nicht.

Lehne Dich zurück und mache es Dir bequem. Lasse Deinen Körper in die Kissen sinken. Fühle, wie der Stuhl unter Dir Dich stützt. Fühle den Atem ein- und ausströmen, wie die Wellen sich heben und senken im Ozean.

Stelle Dir nun vor, wie alles in weißes Licht getaucht ist. Stelle Dir vor, wie Du in Weiß gekleidet wie ein Engel alles um Dich herum in schimmerndes weißes Licht tauchst. Du blickst tief in die Augen eines neugeborenen Kindes und siehst seine Unschuld und Du fühlst Dich selbst rein, sauber und frisch wie ein Kind.

Wenn Du in Weiß über eine weite Blumenwiese gehst, kann Dich jeder sehen und jeder ist zu Dir hingezogen, beeindruckt von Deiner Unschuld und kindlichen Schönheit; sogar die kleinen Tiere kommen, um sich an Deine Seite zu setzen.

Bewußte tägliche Übungen

Wenn Du meinst, Dich in einer angsterregenden Situation zu befinden, oder wenn Du Dich vor äußeren Einflüssen fürchtest, umgib Dich selbst ganz bewußt mit weißem Licht.

Vergewissere Dich, daß Du auf Deine feurige Kraft vertraust, und handle wenn nötig.

- Ich bin klar.

- Ich bin rein.

- Ich bin beschützt.

Sieh Dich selbst mit den Eigenschaften, die
Du Dir wünschst.

Sei dankbar.

Verstecke ich mich, wenn ich eigentlich sichtbarer
werden müßte? In welchen Situationen würde ich mehr
Aufmerksamkeit brauchen?

In welchen Situationen könnte ich bewußt mehr weißes Licht
gebrauchen, um den anderen Menschen ihre Wirkung auf
mich widerzuspiegeln?

Wo nehme ich mich selbst zu ernst? Wo muß ich
heller werden?

Bin ich attraktiv? Fordere ich Aufmerksamkeit, wenn ich
einen Raum betrete?

Arbeitsteil

Eigene Gedanken

Gold

Vereinigung – Heilung – Sonne – heilig

Der große Heiler

Gold ist eine heilige Farbe, die man schon immer als wunderbar heilend für alle physischen Leiden angesehen hat. Im Zweifelsfall wähle Gold. Gold finden wir in vielen alten Tempeln. Das Band der Ehe ist ein heiliges Objekt, ein Ring aus Gold, der zwei Menschen verbindet.

Farbvisualisation

Der goldene Lichtring

Setze Dich bequem auf Deinen Lieblingsstuhl und lasse die Gedanken der Woche auf einem Strahl von Licht zur Sonne emporsteigen. Lasse sie verbrennen und sich in einen einzigen Faden goldenen Lichtes auflösen, der bis in den Himmel hinaufreicht.

Nimm einen tiefen Atemzug und gehe langsam durch zwei große goldene Tore einer sehr alten Kathedrale; Du schweigst, während Deine Augen den Raum absuchen, voller Ehrfurcht vor den majestätisch schimmernden goldenen Lichtsäulen, die sich auf Deinem Körper widerspiegeln. Du kannst spüren, wie das leuchtende goldene Licht in all Deine Zellen dringt und die Stellen tief innen heilt, die Deine Aufmerksamkeit brauchen. Als die Sonne durch die Fenster auf Dich fällt, hörst Du wundervolle hohe Stimmen von Kindern, die in einiger Entfernung singen. In dem goldenen mit Licht gefüllten Raum siehst Du ein Kind in goldenen Kleidern auf Dich zukommen.

Das Kind trägt etwas Leuchtendes auf einem samtenen Kissen und hält es Dir hin – einen einzigen goldenen Ring der Vereinigung und Heilung. Und als Du diesen Ring nimmst und ihn an Deinen Finger steckst, löst sich alles im Licht auf...

Bewußte tägliche Übung

Atme tief ein. Stelle Dir goldenes Licht vor, strahlend wie die Sonne, wie die Speichen eines Rades, die Strahlen drehen sich mit jedem Atemzug, und heilen und verjüngen Dich tief in Deiner zellularen Struktur. Wenn Du ausatmest, lasse den Atem alles goldene Licht in Deine lebenswichtigen Organe tragen, besonders in die, die Deine Aufmerksamkeit erfordern.

Lasse Deinen Atem jeden Teil Deines Körpers füllen (oder den eines anderen Menschen) der Heilung braucht.

Sei nun anderen Farben gegenüber offen, die Du dazunehmen möchtest.

Lasse dieses wunderschöne goldene Licht von Deinen Füßen durch Deinen Körper bis zum Scheitel emporwirbeln und sich dann hochdrehen in die Himmel und in die Sonne zurückkehren.

- Ich bin glücklich und mit vibrierender Gesundheit erfüllt.

- Ich fühle mich jeden Tag besser.

- Ich bin fähig alle Teile meines Geistes, Körpers und meiner Seele zu heilen.

Anerkennung

Sieh Dich ganz, gesund und glücklich.

Sei dankbar.

Welcher Teil Deines Körpers braucht im Moment
Aufmerksamkeit oder Heilung?

Wem möchtest Du gerne ein goldenes,
heilendes Licht schicken?

Gibt es einen Bereich in Deinem Leben,
der heiliger sein sollte?

Arbeitsteil

Eigene Gedanken

Violett

Weisheit – Führung – Spiritualität – Selbstvertrauen
Transzendenz

Violett ist die Farbe der spirituellen Erleuchtung

Violett in all seinen wunderbaren Schattierungen von Lavendel
bis Purpur, symbolisiert unser inneres Wissen, unsere Weisheit
und den Kontakt mit dem Teil von uns, der wirklich weiß, was
am besten für uns ist, der Teil von uns, der jenseits von den
Problemen des täglichen Lebens liegt.

Violett ist eine spirituelle Farbe, die Wahrheit symbolisiert,
Transzendenz und Führung. Es ist die Farbe, die uns zu einer
höheren Quelle des Wissens und spiritueller Erleuchtung führt.
Poesie, Musik und Kunst gedeihen unter der Farbe Violett.

Farbvisualisation

Eine violette Vision

Mache es Dir bequem und erlaube Deinem Körper eine entspannte Haltung zu finden, in der Du nichts zu tun brauchst; lasse Deine Gedanken los, während Du nun sanft einatmest, erlaube allen Muskeln beim Ausatmen, sich noch tiefer zu entspannen.

Stelle Dir nun die Farbe Violett vor, wunderbar tiefe, reiche violette Farbpunkte. Stelle Dir selbst vor, wie Du in lange purpurfarbene Gewänder gekleidet bist, wie eine große Königin oder ein großer König in längst vergangenen Zeiten. Während Du Deine Gedanken treiben läßt, wie Blätter, die der Wind an einem warmen Tag über das Feld bläst, läßt Du alles um Dich herum zur Farbe Purpur verschmelzen.

Stelle Dir vor, wie rotviolette Wasserströme Deinen Körper füllen; fühle, wenn Du einatmest, wie sich Deine Lungen füllen, Dein Herz, sogar Deine Augen; wenn Du ausatmest, siehst Du Dich in einer fernen Zeit in einem Feld mit violetten Blumen stehen, und erlaubst Deinen Muskeln sich noch mehr zu entspannen, während Du spürst, wie die violette Flüssigkeit durch Deinen ganzen Körper fließt und überall die Verspannungen auflöst.

Bade Dich im violetten Licht, während Du mit Deinem königlichen Gewand leicht und würdevoll über das Feld mit violetten Blumen schreitest. Du kommst zu einem sehr alten Wasserlauf und setzt Dich ins grüne Gras. Du siehst nach unten und blickst in einen purpurnen Wasserteich, und wie die Sonne von oben scheint, erkennst Du Dein Spiegelbild. Wenn Du genauer hinschaust, kannst Du im bewegten Wasser eine andere Spiegelung erkennen; Du siehst in die Augen einer sehr alten Frau.

Sie hat sehr mitleidsvolle und weise Augen, ihr langes weißes Haar wirbelt im Wasser und aus ihrem runzeligen Gesicht schauen zwei violette Augen auf Dich, allwissend und weise ... und so fragst Du sie viele Dinge und hörst genau hin, während sie jede Deiner Fragen beantwortet.

Atme.

Violett umgibt Dich.

Lasse Deine Fragen von einem violetten Licht umgeben sein.

Stelle Dich Dir selbst vor, wie Du Dir vertraust, die Antworten zu wissen und mit der inneren Weisheit in Berührung zu kommen.

Sei dankbar...

Affirmation

- Ich habe die Weisheit zu wissen,
  was das Beste für mich ist.

- Ich habe den Mut so zu handeln,
  wie ich weiß, daß es das Beste für mich ist.

- Ich traue mir selbst.

Körperbereiche – Krone, Scheitel

Anerkennung

Sieh Dich selbst genau so, wie Du
sein möchtest.

Sei dankbar...

Schreibe die Situationen aus Deinem Leben auf, die Dich
verwirren, wo es keine Lösung zu geben scheint,
und färbe sie violett.

Vertraust Du anderen Menschen?